Angeline Bauer

Können Igel fliegen?

Alles, was Kinder über Igel wissen wollen

Ab 5 bis 99 Jahre

Impressum

Copyright © 2021 by arp
Herausgeber *Verlag by arp*
Ledererstraße 12, 83224 Grassau, Deutschland
Ausgabe Mai 2021

Covergestaltung by arp
Text und Gestaltung Angeline Bauer

Wenn Ihnen dieser kleine Igel-Ratgeber gefällt, freuen wir uns über eine positive Bewertung bei Ihrem Internethändler. Sollte Ihnen etwas nicht gefallen oder haben Sie Vorschläge zur Verbesserung, setzen Sie sich bitte mit uns direkt in Verbindung: Für Anregungen stehen wir gerne offen. info@by-arp.de

Inhaltsverzeichnis:

Vorwort

Was tun, wenn man einen kleinen, kranken und verwaisten Igel findet? Das musste ich mich fragen, als auf einem Parkplatz plötzlich zwei Igelkinder vor meinem Auto lagen. Sie waren ausgehungert, kraftlos und voller Flöhe. Ich nahm sie mit zu meiner Tierärztin. Die tat ihr Bestes, aber wenn sie auch alles über Katzen, Hunde und Meerschweinchen wusste, mit Igel hatte sie wenig Erfahrung. Wir versuchten, den Kleinen zu helfen, doch leider gelang es nicht. Zwei Tage später starben sie.

Das wollte ich so nicht hinnehmen. Ich fand schließlich heraus, dass es eine Wildtierstation in unserer Nähe gab. Dort lernte ich Frau Schurer kennen, die mir anbot, bei ihr mitzuhelfen.

Von ihr habe ich vieles über Igel gelernt, und dieses Wissen möchte ich mit diesem Ratgeber an alle interessierten Kinder und ihre Eltern weitergeben, damit ihnen nicht passiert, was mir passiert ist.

Auch Emily und Jonathan, die beiden Geschwister in diesem Buch, finden einen Igel. Sie sorgen dafür, dass ihm geholfen wird und lernen dabei, was es über Igel zu wissen gibt. In Emilys Igeltagebuch werden nach jedem Kapitel alle Informationen noch einmal zusammengefasst. So sind sie jederzeit leicht wieder aufzufinden.

Mit diesem kleinen Ratgeber für Kinder ist man gewappnet, sollte man einmal einen Igel finden. Man lernt außerdem, wie man seinen Garten igelfreundlich gestalten kann, damit dort vielleicht eines Tages wieder ein Igel einzieht.

Aber auch für Schulkinder, Eltern und Lehrer ist das Buch eine Fundgrube an Igel-Wissen.

Und nun viel Spaß mit Emily, Jonathan und dem Igel Nr. 323.

Können Igel fliegen?

Eigentlich hatte Emily gar keine Lust, mit ihrem kleinen Bruder Jonathan zu spielen. Er war erst sechs Jahre alt, ein Kindergarten-Kind. Sie kam nach den Ferien, die in ein paar Tagen zu Ende gehen würden, immerhin schon in die dritte Klasse. Und außerdem war er ein Junge. Was konnte man mit Jungs schon anfangen? Zu Hause sauste er ständig mit seinem Spielzeug-Porsche über die Möbel. Rauf, runter, rüber, auf dem Teppich zu Mama oder Emily und an ihren Beinen hoch. Dazu „brummmmbrummm-brrrrumm!“ Das war doch blöd, oder etwa nicht? Und gingen sie gemeinsam raus, dann wollte er Feuerwehrmann spielen. Dazu nahm er den Gartenschlauch und spritzte sie an. Das fand er lustig! Ha-ha!

'Eigentlich' hatte sie also keine Lust. Doch heute verbrachten sie den Nachmittag bei Opa Franz und Oma Martha. Das war immer ein bisschen abenteuerlich, sogar mit dem kleinen Bruder im Schlepptau.

Früher hatten die Großeltern eine Gärtnerei. Früher heißt, bevor Emily und Jonathan auf der Welt waren. Doch dann hatte sich das mit der Gärtnerei nicht mehr gelohnt, und sie haben ihr Land als Bauplatz verkauft. Nur den Obstgarten und das kleine Glashaus behielten sie. Dort konnte man toll spielen und blieb sogar trocken wenn Regen fiel.

Auch das Haus, in dem Emily und Jonathan mit Mama und Papa wohnten, stand auf einem Grundstück, das früher einmal zur Gärtnerei gehört hatte. Wenn Emily und Jonathan zu den Großeltern gingen, mussten sie nur durch ein Gartentor, dann durch den großen Obstgarten, und schon waren sie da.

So auch heute. Kaum hatten sie das Gartentor hinter sich geschlossen, rannten sie schon los. Sie kletterten auf einen Holzstoß und sprangen auf der anderen Seite wieder runter.

„Nochmal!", rief Jonathan. „Und dann messen wir, wer von uns weiter springen kann."

„Da verlierst du sowieso!", war Emily lautstark überzeugt.

„Bestimmt nicht!" Jonathan kletterte schon hoch. Oben stelle sich links hin und wartete auf seine Schwester. Als sie neben ihm stand, fing er an zu zählen. „Eins – zwei – dr..."

„Warte!" Emily hielt Jonathan am Arm fest, damit er nicht springen konnte. Sie deutete auf etwas Dunkles, stachliges, das vor einem Apfelbaum kauerte. „Schau mal, dort ist ein Igel!"

Tatsächlich. Dort saß ein Igel. Jonathan hatte zwar noch nie einen in der Natur gesehen, aber er kannte Igel aus dem Fernsehen.

Die Kinder hüpften vom Stoß und liefen hin. Als sie sich neben ihn knieten, fauchte er leise. Dabei rollte er sich zu einer Kugel zusammen. Jetzt sah er ein bisschen aus wie ein Seeigel. Solche hatten die Kinder schon einmal in echt gesehen.

Im letzten Jahr, als sie im Urlaub am Meer in Kroatien waren.

Jonathan wollte nach dem Igel greifen, aber E-mily warnte ihn: „Man kann sie nicht anfassen, wegen der Stacheln.“

Das wollte Jonathan nicht so einfach glauben. Er probierte es aus, packte zu, zog aber seine Hand schnell wieder zurück. „Aua! Igelstachel sind ja wirklich pieksig!“

„Und Igel können außerdem beißen“, behaup-tete Emily. Dann machte sie einen spitzen Mund, was sie immer tat, wenn sie nachdachte.

„Ich glaube, die im Fernsehen haben gesagt, dass Igel nachtaktiv sind.“

„Was ist das – nachtaktiv?“, fragte Jonathan.

„Das sagt man, wenn jemand alles nachts mach. Also herumlaufen, essen und so was.“

„Dann sind Mama und Papa auch nachtaktiv. Die laufen nachts immer noch rum, wenn wir schon lang im Bett liegen müssen. Und Papa knackt dann Erdnüsse. Hab ich selbst schon gesehen, als ich mal nicht schlafen konnte und zu ihnen ins Wohnzimmer ging.“

„Nachtaktiv sagt man aber nur, wenn jemand dafür am Tag schläft“, erklärte Emily ein wenig altklug.

Die beiden Kinder wandten sich wieder dem Igel zu. Er fauchte jetzt nicht mehr, streckte sich leicht und lugte vorsichtig unter seinem Stachelkleid hervor. Doch als nun auch Emily hinlangte, weil sie ebenfalls fühlen wollte, wie sehr es pikste, rollte er sich gleich wieder zusammen.

Plötzlich stand Oma Martha hinter ihnen.

„Wir haben einen Igel gefunden", teilte Jonathan ihr stolz mit.

Oma Martha beugte sich über die Kinder und betrachtete das Tier aus zusammengekniffenen Augen. „Tatsächlich, ein kleiner Igel." Sie ging in die Knie und besah sich das stachelige Häufchen aus der Nähe. „Scheint krank zu sein", befand sie schließlich.

„Wie kannst du das sehen?", wollten die Kinder wissen.

„Der Igel ist noch recht klein für die Jahreszeit. Und er ist am Tag und ganz allein unterwegs, ohne seine Mama und Geschwister. Das ist ein schlechtes Zeichen. Außerdem sieht er ziemlich mager aus. Er hat hinter dem Köpfchen eine Falte, seht ihr das? Sie zieht sich quer über den

Nacken, von der rechten zur linken Schulter. Man nennt das Hungerfalte."

„Aber wenn er krank ist", überlegte Emily, „dann könnten wir ihn doch zu Onkel Johannes bringen? Er ist Tierarzt und kann ihm bestimmt helfen."

Oma Martha nickte. „Das ist eine gute Idee. Dann hole ich mal einen Karton, und ihr könnt inzwischen langes Gras zupfen. Damit polstern wir den Karton aus."

Als sie zurückkam, hatte sie eine Schachtel dabei, die etwa so groß war, dass ein Fußball darin Platz finden konnte. Die Kinder legten das Gras hinein. Oma Martha zog Handschuhe an, nahm das Igelchen vorsichtig hoch und drehte es um. Nun lag es in ihren Händen auf dem Rücken und blinzelte die drei Menschen ängstlich an. „Und eine ganze Menge Flöhe hat der kleine Kerl auch!", sagte Oma Martha.

„Flöhe – iii!", riefen die Kinder. Sie rückte ein Stück von ihr ab, machten aber lange Hälse, um die Flöhe zu erspähen. Tatsächlich! Die krabbelten auf der kleinen, schwarzen Nase des Igels herum, umrundeten die Augen und verschwanden zwischen den Stacheln.

„Hast du keine Angst, dass die Flöhe uns beißen?", fragte Jonathan.

„Igelflöhe gehen gerne auch auf Hunde und Katzen. Aber Menschen mögen sie eigentlich nicht. Aufpassen sollte man natürlich trotzdem, denn Flohbisse übertragen Krankheiten." Oma Martha legte den Kleinen in den Karton.

Sie standen auf und gingen zum Haus. Dort saß Opa Franz auf der Bank. Er blickte von seiner

Zeitung auf. „Ihr habt einen Igel gefunden? - Lasst mal sehen."

Oma Martha stellte den Karton neben ihm ab. Opa Franz öffnete ihn und sah hinein. „Als ich noch ein Junge war", erzählte er, „habe ich auch mal einen Igel gepflegt. Er war wohl ein Waisenkind, so wie dieser. Jedenfalls saß er allein im Garten. Meine Mutter, also eure Urgroßmutter, kannte sich gut damit aus. Wir haben ihn mit Eiern und Hackfleisch aufgepäppelt, und bald ging es ihm besser. Wir hielten ihn in einem große Karton. Aber der war wohl nicht hoch genug, deshalb gelang es ihm eines Tages auszubrechen. Und dann habe ich ihn auf dem Schrank wiedergefunden!"

„Auf dem Schrank?" Jonathan machte große Augen. „Können Igel denn fliegen?"

Opa Franz lachte. „Wer weiß", sagte er mit geheimnisvoller Stimme.

Oma Martha sah ihn daraufhin streng an. „Erzähl den Kindern doch nicht so etwas!" Dann wandte sie sich an Jonathan: „Nein, Igel können nicht fliegen. Sie haben ja keine Flügel."

„Und wie kam der Igel dann auf den Schrank?", fragte Emily ihren Opa.

„Das hat mich natürlich damals auch interessiert. Ich ließ ihn mal laufen, und als er wieder versuchte, auf den Schrank zu kommen, konnte ich beobachten, wie er das machte. Der Schrank stand ein Stück von der Wand abgerückt. Er krallte sich im Holz des Schrankes fest. Hinter ihm gab ihn die Wand Halt. Er schob sich ein Stück hoch. Dann stellte er die Stacheln auf. Die abgespreizten Stacheln verhinderten, dass er wieder nach unten rutschte. Er arbeitete sich weiter hoch, stellte die Stacheln auf, arbeitete sich hoch, stellte die Stacheln auf - bis er irgendwann tatsächlich oben war."

„Vielleicht hat er sich gelangweilt und wollte deshalb auf den Schrank?", überlegte Emily.

„Oder er hatte vor etwas Angst, und wollte hinauf, um alles besser überblicken zu können", fügte Jonathan an.

„Ich hätte jedenfalls nicht gedacht, dass ein Igel klettern kann."

„Möglicherweise beherrschen Igel diese Klettertechnik, weil sie in der Natur Hindernisse überwinden müssen", warf Oma Martha ein.

„Zum Beispiel, um Futter zu finden, zu fliehen oder ein neues Revier zu erkunden." Sie schloss den Karton und hielt den Autoschlüssel hoch.

„Also los! Ich habe euren Onkel schon angeru-
fen. Er erwartet uns."

Es war Sonntag, die Praxis geschlossen. Aber
für einen Notfall war Onkel Johannes immer da.
Erstrecht wenn es um seine Nichte und seinen
Neffen ging, die einen kranken Igel gefunden
hatten.

„Na, dann schauen wir uns den Kleinen einmal
an", sagte er, streifte sich Gummihandschuhe
über und holte ihn vorsichtig aus dem Karton.
„Der ist aber noch arg klein. Er passt ja locker in
nur eine Hand. Und eine Menge Flöhe hat er
auch." Onkel Johannes setzte ihn auf eine
Waage. „Knapp 180 Gramm", las er von der
Skala ab.

„Ist das wenig?", fragte Jonathan, dem das bekümmerte Gesicht seines Onkels zu denken gab.

„Für ein Igelkind, das ohne Mama unterwegs ist, ist er auf jeden Fall viel zu klein, zu dünn und zu schwach."

„Aber wir könnten ihm doch helfen, wenn du uns sagst, wie das geht, oder?", fragte Emily.

Onkel Johannes schüttelte den Kopf. „Ich bin zwar Tierarzt und weiß eine Menge über Hunde, Katzen, Vögel oder Meerschweinchen. Doch über Igel lernen wir im Studium so gut wie nichts. Manchmal bringen mir Menschen einen kranken, zu dünnen oder verletzten Igel. Ich sehe ihn mir an und wenn er gar zu schwer verletzt ist, erspare ich ihm stundenlange Schmerzen und erlöse ihn."

„Müssen die das dann bezahlen?", fragte Emily. Sie wusste, dass Onkel Jonathan für das Behandeln Geld von den Leuten bekam.

„Meine Arbeit nicht, nur die Medikamente. Aber euer Igel hat noch gute Chancen. Doch es muss ihn jemand behandeln, der Erfahrung mit solchen Tieren hat. Und ich weiß auch schon, wer dem Kleinen helfen kann!"

Onkel Jonathan setzte den Igel in die Kiste zurück. Er holte eine Broschüre. Darauf standen ein Internetlink, die Adresse und die Telefonnummer einer Wildtierstation. Er und griff zum Telefon, wählte die Nummer. Ein kurzes Gespräch, dann reichte er die Broschüre an Oma Martha weiter. „Frau Falter leitet die Wildtierstation", sagte er dazu. „Sie erwartet euch in zwei Stunden."

Also fuhren die drei zuerst einmal wieder nach Hause. Unterwegs fragte Emily: „Wie können denn Kinder eine Wildtierstation finden, die keinen Tierarzt kennen?"

Ihre Oma wusste es nicht, aber sie versprach, es herauszufinden.

Zu Hause angekommen hatte Emily eine Idee. „Damit wir nicht alles wieder vergessen, was wir über Igel gelernt haben, schreibe ich es in ein Schulheft. Ich nenne es 'Mein Igel-Tagebuch'."

Sie lief schnell heim, um ein leeres Schulheft zu holen. Zurück bei Oma Martha setzte sie sich an den Tisch und fing sofort damit an. Oma Martha half ihr dabei. Sie hatte sich inzwischen auch im Internet schlau gemacht, wie man eine Wildtierstation finden konnte. Sie zeigte es den Kindern. „Öffnet man im Internet den Link www.wildtierschutz-deutschland.de/verletztes-wildtier-gefunden und gibt dort seine Postleitzahl ein, wird die nächstgelegene Adresse einer Wildtier- oder Igelstation angezeigt. Es gibt aber auch eine Wildtiernotfall-Telefonnummer. Sie lautet: 0176/84305545. Wenn man dort anruft, bekommt man eine Adresse."

Notizen in Emilys Igeltagebuch

1. Wenn Igel sich bedroht fühlen, fauchen sie leise und rollen sich zu einer Kugel zusammen.
2. Die Stacheln der Igel sind sehr spitz, etwa so spitz wie eine Stecknadel.
3. Igel sind nachtaktive Tiere.

4. Findet man am Tag ein Igelkind ohne Mutter, ist das ein schlechtes Zeichen.

Auch erwachsene Igel sieht man am Tag nur, wenn etwas mit ihnen nicht stimmt. Wenn sie zum Beispiel von ihrem Schlafplatz aufgeschreckt wurden, wenn sie sehr großen Hunger haben oder krank sind.

5. Wenn man hinter dem Kopf eines Igels eine querlaufende Falte sieht, zeigt das an, dass er viel zu dünn ist. Man nennt das Hungerfalte.

6. Igel werden oft von Flöhen und anderen Parasiten befallen.

7. Igelflöhe springen auch auf Hunde oder Katzen. Menschen mögen sie nicht so gern. Trotzdem muss man aufpassen, denn Flöhe übertragen Krankheiten!

8. Fliegen können Igel nicht – aber sie können besser klettern als man vermutet.

9. Viele Tierärzte helfen schwerverletzten Igeln und schläfern sie im Notfall ein, um ihnen stundenlange Quälerei zu ersparen. Sie tun es kostenlos, nur die Medikamente müssen bezahlt werden. Doch es ist besser, kranke, zu schwache oder zu kleine Igel zu einer Igel- oder Wildtierstation zu bringen. Die Leute dort kennen sich besser mit Igeln aus.

10. Öffnet man im Internet den Link www.wildtierschutz-deutschland.de/verletztes-wildtier-gefunden und gibt dort seine Postleitzahl ein, wird die nächstgelegene Adresse einer Wildtier- oder Igelstation angezeigt. Es gibt auch eine Wildtiernotfall-Telefonnummer. Sie lautet: 0176/84305545

Besuch in der Wildtierstation

Frau Falter führte die Kinder und ihre Oma in
ein Zimmer. Dort gab es sechs große Käfige und
einen Behandlungstisch. Die Käfige waren mit
Zeitungspapier ausgelegt. In jedem stand ein
Pappkarton, aus dem Frau Falter eine Hütte ge-
bastelt hatte. In einem der Käfige sah man auch
zwei kleine Igel, die aus einer Schale einen Brei
fraßen. Die anderen Igel hatten sich wohl in ihr
Häuschen zurückgezogen.

„Dann lasst euren Igel mal sehen", sagte Frau
Falter. Sie war ein bisschen jünger als die Oma

der Kinder, hatte blondes Haar und freundliche blaue Augen. Sie holte den Igel heraus und legte ihn in ihrer Hand auf den Rücken. „Wo habt ihr ihn denn gefunden?", fragte sie, während sie ihn begutachtete.

Die Kinder erzählten es ihr.

„Er war also ganz allein unterwegs? Keine Mama und keine Geschwister in der Nähe?"

„Nur er", bestätigte Jonathan.

Frau Falter setzte ihn auf ein weißes Papier-Küchentuch. Zuerst bewegte er sich nicht. Nach einer Weile versuchte er, weg zu krabbeln. Dabei rutschten ihm die Beinchen auseinander, so kraftlos war er. Und er verlor etwas Kot, der recht flüssig aussah.

„Es ist gut, dass ihr ihn gebracht habt", sagte Frau Falter. „Er ist wohl ein Waisenkind, viel zu klein und zu dünn, um den Winter zu überleben. Außerdem ist er von Parasiten befallen, und er ist krank.“

„Was hat er denn? Bauchweh?“, fragte Jonathan.

„Du meinst, weil er Durchfall hat?“ Frau Falter nickte. „Kann natürlich sein, dass er Bauchweh hat. Doch um die Ursache für seinen Durchfall herauszufinden, muss ich seinen Kot untersuchen. Wisst ihr, was ein Mikroskop ist?“

Die Kinder schüttelten den Kopf.

Frau Falter deutete auf ein schwarzes Gerät, das auf dem Tisch stand. „Es funktioniert ein bisschen wie ein super starkes Fernglas. Man legt etwas hier unten auf die Platte. Dann schaut man oben durch diese beiden Okulare. So kann man Dinge sehen, die so winzig sind, dass sie ohne Mikroskop gar nicht zu erkennen wären. Mit diesem Mikroskop kann ich den Kot untersuchen. Ich sehe dann, ob ein Igel zum Beispiel Lungenwürmer oder andere Parasiten hat, die ihn krank machen. Parasiten findet man immer auch im Kot."

„Ein Igel kann Würmer in der Lunge haben?", entsetzte sich Emily.

„Du darfst sie dir nicht vorstellen, wie zum Beispiel einen Regenwurm. Lungenwürmer sind wiegesagt so klein, dass man ein Mikroskop benötigt, um sie zu sehen. Doch wenn davon zu viele in der Lunge des Igels sind, stirbt er daran."

„Kannst du unserem Igel helfen, damit er nicht sterben muss?", fragte Jonathan.

„Ich werde es versuchen. Zuerst werde ich ihn mit Flohpulver behandeln. Denn die Flöhe, die er hat, setzen ihm ebenfalls zu. Sie ernähren sich von seinem Blut. Das saugen sie aus, dabei entzündet sich seine Haut. Und sie übertragen Krankheiten.“

„Flohpulver haben wir für unsere Katze auch zu Hause“, erzählte Emily.

„Bei Igeln sollte man damit allerdings vorsichtig sein“, entgegnete Frau Falter. „Nicht mit jedem Flohpulver darf man auch Igel behandeln. Einige Sorten sind durchaus gefährlich für sie. Außerdem darf man das Pulver nur auf den Rücken streuen, nicht auf den Bauch.“ Sie sah von Jonathan zu Emily. „Es ist wirklich besser, man bringt einen kranken Igel zu einer Igel- oder

Wildtierstation. Wenn man ihn selbst zu behandeln versucht, macht man mehr falsch als gut. Darum hat euer Onkel euch ja zu mir geschickt, obwohl er Tierarzt ist."

„Heißt das, dass wir den Igel nicht wieder mit nach Hause nehmen dürfen?", fragte Emily.

„Stimmt, das kann ich euch nicht erlauben. Ihr wollt doch, dass er gesund wird?"

„Klar!" Da waren sich die Geschwister einig.

„Außerdem ist es verboten, Wildtiere einfach so mit nach Hause zu nehmen. Tut man es doch, gilt das als Wilderei. Auch ich muss eine Liste über die Tiere führen, die wir hier aufnehmen. Dazu erhält jedes Fundtier eine Nummer. Zur Nummer trage ich alle Daten der Igel in diese Liste ein. Wer sie gefunden hat. Wann sie gefunden wurde. Wie schwer sie sind. Was ihnen fehlt, und vieles mehr." Frau Falter schlug einen Ordner auf, in dem sie eine Weile blätterte.

„Euer Igel erhält die Nummer 323", sagte sie schließlich. „Könnt ihr euch das merken?"

Die Kinder nickten. „Das kann man vorwärts und rückwärts lesen."

Man sah ihnen an, wie enttäuscht sie waren. Sie hätten den kleinen Igel gerne bei sich zu Hause behalten.

„Fütterst du ihn jetzt?", fragte Emily. „Weil er doch viel zu dünn ist und Hunger hat?"

Frau Falter machte ein bekümmertes Gesicht.

„Vermutlich wird er nicht fressen, aber wir können es versuchen." Sie griff hinter sich, dort stand eine Schale mit Futter, das sie für die anderen Igel bereits hergerichtet hatte. Sie tat einen Löffel davon auf einen kleinen Teller und stellte ihn dem Igel vor die Schnauze. Es dauerte eine Weile, bis er sich streckte und daran schnüffelte. Er probierte ein wenig davon, aber es schien ihn zu sehr anzustrengen.

„Was ist das für Futter?", wollte Emily wissen.

„Das ist Katzenfutter aus der Dose mit etwas Rührei vermischt."

„Vielleicht mag er lieber Milch?", schlug Jonathan vor.

Frau Falter schüttelte energisch den Kopf.

„Milch von der Kuh darf man einem Igel keinesfalls geben! Die macht sie krank. Sie bekommen schlimme Blähungen davon und können daran sterben. Ganz kleinen Igelbabys kann man mit Katzen- oder Welpenmilch füttern. Die hole ich aus dem Tierladen. Das ist eine besondere Milch. Sie ist laktosefrei. Auch Obst fressen Igel nicht. Sind sie einmal so groß wie dieser hier, brauchen sie Fleisch und ein bisschen Ei."

„Aber warum frisst er das jetzt nicht?", fragte Emily. „Ich dachte, er hat Hunger."

„Er ist zu schwach. Ich werde ihn mit der Pipette füttern. Doch dazu muss ich anderes Futter machen, das flüssiger ist."

„Was ist das, eine Pipette?"

„Das ist ein Glasröhrchen mit einem kleinen Gummiball am Ende. Wenn man auf den Gummiball drückt, kommt aus dem Röhrchen etwas von der Flüssigkeit. Man kann dazu aber auch eine dicke Spritze ohne Nadel nehmen. Ihr seht, das ist alles gar nicht so einfach."

Oma Martha hat die ganze Zeit still zugehört. Jetzt legte sie ihre Hände auf die Schultern der

Kinder und sagte: „Es wird Zeit zu gehen. Frau Falter hat Wichtigeres zu tun."

Das sahen die Kinder ein. Doch eine Frage hatten sie noch. „Wenn unser Igel die Nummer 323 bekommt, heißt das, du hast 323 Igel und andere Tiere hier, die du pflegen musst?"

„Nein, das würde ich nicht schaffen. Ich habe einige Helfer. Das sind Menschen, die schon vieles über Igel gelernt haben. Sie bekommen solche Igel von mir zur Pflege, denen es schon wieder einigermaßen gut geht. Diese Igel sind aber noch nicht groß und gesund genug, um in der Wildnis überleben zu können. Meine Helfer sorgen für drei oder vier Igel. Wenn die Tiere im Frühjahr stark genug sind, werden sie ausgewildert. So sagt man, wenn man sie in die Freiheit entlässt."

Emily und Jonathan wünschten dem kleinen Igel viel Glück und bedankten sich bei Frau Falter. „Dürfen wir einmal wiederkommen, um den Igel zu besuchen?", fragten sie, als sie ihr die Hand gaben.

„Ruft mich in zwei Wochen an, dann sehen wir weiter."

Notizen in Emilys Igeltagebuch

1. Geschwächten Igeln rutschen beim Gehen die Beine auseinander.
2. Durchfall ist ein schlechtes Zeichen, er deutet auf Parasitenbefall hin.

3. Außer Flöhen und Zecken haben Igel auch Parasiten, die man mit bloßem Auge nicht erkennen kann. Das können zum Beispiel Lungenwürmer oder Milben sein.

4. Nicht jedes Flohpulver ist für Igel geeignet. Manche Sorten sind schädlich für sie.

5. Flohpulver darf man nur auf den Rücken streuen, niemals auf den Bauch!

6. Man darf Igel nicht einfach behalten, das gilt als Wilderei. Man muss den Fund bei einer Wildtierstation melden.

7. Man darf Igeln keine Milch geben. Auch Äpfel fressen sie nicht, wie manche Menschen glauben. Denn Igel sind Fleischfresser!

8. Am besten füttert man Igel mit Katzenfutter aus der Dose. Man mischt etwas klotziges

Rührei darunter. Gesunde Igel mögen auch gern das Trockenfutter für Katzen knabbern.

9. Schwache Igel füttert Frau Falter mit einem Spezialfutter aus einer Pipette oder einer dicken Spritze ohne Nadel.

Die erste Schulstunde nach den Ferien

Emilys Lehrerin hieß Frau Tanner. Emily mochte sie sehr gern. Sie hatte lange rote Haare, viele Sommersprossen und zog sich gern bunt an. Frau Tanner wusste, dass Kinder nach den Ferien das Herz so voller Erinnerungen hatten, dass es überquoll. Deshalb durften sie in den ersten zwei Stunden erzählen, was sie alles erlebt hatten. Das waren schöne, aber manchmal auch traurige Geschichten. Max zum Beispiel war an der Nordsee gewesen. Dort hatte er riesige Schiffe gesehen. Sie waren vollbeladen mit bunten Kästen, die man Container nennt. Von seiner Mutti hatte er erfahren, dass es immer wieder vorkam, dass Schiffe Container verloren. Das ist nicht gut für die Umwelt, hatte sie ihm erklärt. Denn die Container öffnen sich, und ihr Inhalt schwimmt im Meer herum. Das Meer ist dann voller Müll. Die Fische fressen diese Dinge und können daran sterben.

Sofia erzählte von der Hochzeit ihrer Tante. Alle Verwandten waren da, und sie haben auf einem Dampfer gefeiert, der über den Chiemsee geschippert ist. Sie haben getanzt, lustige Spiele gemacht und viel gelacht.

Die Zwillinge Frieda und Gustav sind mit ihren Eltern auf einen Berg gewandert. Dort haben sie in einer Hütte übernachtet. „Weil es so weit oben kein Licht aus Häusern und von Reklame gibt", erzählten sie, „kann man total viele Sterne sehen! Viel mehr als hier in der Stadt. Der ganze Himmel ist voll damit!"

Endlich war auch Emily an der Reihe, und natürlich erzählte sie von 'ihrem' Igel.

„Das ist ja interessant", sagte Frau Tanner. „In diesem Schuljahr wollte ich mit euch über Wildtiere sprechen, und dazu gehört ja auch der Igel."

„Aber Igel sind doch überhaupt nicht wild!", meldete sich Wolfi ungefragt zu Wort. Er war voreilig und hatte immer einen große Mund. „Löwen sind wild oder Wölfe."

„Erstens", sagte Frau Tanner, „solltest du dich nicht vom niedlichen Äußeren der Igel täuschen lassen. Sie sind Räuber! Sie fressen alle Arten von Laufkäfern und anderen Insekten. Finden

sie davon nicht genug, fressen sie auch mal
Würmer, Raupen und Nacktschnecken. Sie räumen sogar Mäusenester aus und fressen die
Jungtiere. Sie lieben Eier, da machen sie auch
vor Vogelnestern nicht halt. Und wenn es gar
nichts anderes gibt, fressen sie sogar bereits
tote Tiere, also Aas. Und Zweitens", fuhr Frau
Tanner fort, „bezeichnet man Tiere, die nicht
bei Menschen im Haus oder im Stall leben,
grundsätzlich als Wildtiere. Man sagt ja auch,
sie leben 'in freier Wildbahn'."

„Wird unser Igel dann zum Haustier, weil er
jetzt bei Frau Falter im Haus lebt?", wollte Emily
wissen.

„Nein. Sie bleiben Wildtiere, denn der Igel als
Art wurden nicht domestiziert. Das ist jetzt ein
sehr schweres Wort." Frau Tanner schrieb es

deshalb an die Tafel. „Do-mes-ti-ziert bedeutet, dass sich eine Wildtierart über hunderte von Jahren langsam an die Menschen gewöhnt hat und mit ihnen zusammenlebt. Sie wurden von den Menschen nicht nur gezähmt, sondern auch an ihre Bedürfnisse angepasst. Der Hund stammt zum Beispiel von den Wölfen ab. Die Kühe von den Auerochsen. Unsere Hauskatze von der afrikanischen Wildkatze. Der Hund passt auf das Haus seiner Menschen auf. Die Kühe geben Milch. Die Hauskatze fängt die Mäuse im Haus. Dafür werden sie von den Menschen gefüttert und versorgt.“

Emily schrieb das schwere Wort von der Tafel ab. „Wie viele Stacheln hat ein Igel eigentlich?“, fragte sie dann.

Frau Tanner wollte den Kindern nichts Falsches erzählen. Deshalb öffnete sie ihren Laptop und sah im Internet nach.

„Bereits bei der Geburt haben die kleinen Igel schon etwa 100 Stacheln", beantwortete sie die Frage. „Sie sind aber noch ganz weich. Im Laufe der Zeit werden es bis zu 8000."

„So viele?", wunderten sich die Kinder.

„Jeder Stachel hat an der Wurzel eine kleine weiche Kugel und ist elastisch", fuhr Frau Tanner fort. „So können Stöße abgefangen werden, wenn der Igel zum Beispiel irgendwo herunterpurzelt. Doch oben ist er spitz wie eine Nadel. Und er ist innen hohl. Das hat die Natur so eingerichtet, damit das Stachelkleid nicht zu schwer für den Igel wird. Dass die Stachel innen hohl sind, kann man aber ohne Mikroskop gar nicht erkennen, denn der Durchmesser eines Stachels beträgt nur etwa einen Millimeter.“

„Aber warum haben Igel überhaupt Stachel?“, fragte Max.

„Die Stachel haben sie zu ihrer Verteidigung. Wer beißt in so etwas Pieksiges schon hinein? Deshalb laufen sie bei Gefahr auch nicht weg, sondern rollen sich einfach zusammen und warten ab. Und das hat zur Verteidigung auch sehr gut funktioniert, bis der Mensch die Autos erfunden hat“, erklärte Frau Tanner. „Doch bei Autos hilft ihnen das leider nichts. Darum sterben so viele Igel auf unseren Straßen, weil sie eben nicht weglaufen, wenn ein Auto ankommt. Sie rollen sich einfach nur zusammen.“

„Das ist traurig“, sagten die Kinder.

Emily meldete sich. „Wie lang gibt es Igel eigentlich schon?"

„Seit 60 Millionen Jahre. Sie gehören zu den ältesten Säugetieren überhaupt."

„Boh!", machte Gustav. „Das ist richtig lang!" Weil er ein echter Dino-Fan war, wusste er, dass vor 60 Millionen Jahren auch die Dinos gelebt hatten.

„Da hast du recht, Gustav." Frau Tanner nickte. „60 Millionen Jahre ist 200-mal länger als es uns Menschen gibt."

„Und gibt es Igel überall, auf der ganzen Welt?"

„Wenn wir über unsere Igel sprechen, die gibt es nur in Europa. Vom Mittelmeer bis hinauf nach Südskandinavien. Und von England bis in den vorderen Teil von Russland. Allerdings haben Auswanderer auch ein paar von unseren

europäischen Igeln mit nach Neuseeland genommen und dort angesiedelt. Übrigens zählen
die europäischen Igel zu den Kleinohrigeln. Man
nennt sie auch Stacheligel oder Braunbrustigel.
Weiter im Norden Europas gibt es die Weißbrustigel. Doch weltweit, also auf der ganzen
Welt, gibt es etwa 15 Igelarten. Und davon haben einige Arten, keine Stacheln, sondern Fell.
Dazu gehört zum Beispiel der Rattenigel. Man
nennt solche Igel auch Felligel. Es gibt außerdem Spitzmausigel, Langohrigel oder Wüstenigel."

Es klingelte zur großen Pause. „Wir sprechen im
nächsten Heimat- und Sachkundeunterricht
über die Igel weiter", sagte Frau Tanner und
entließ die Kinder.

1. Igel sind richtige Räuber. Igel sind richtige Räuber. Am liebsten fressen sie alle Arten von Laufkäfern und anderen Insekten. Wenn sie davon nicht genug finden auch Würmer, Raupen, Nacktschnecken oder bereits tote Tiere. Sie räumen sogar Mäuse- und Vogelnester aus, denn sie lieben Eier.

2. Tiere, die nicht bei Menschen im Haus oder im Stall leben, bezeichnet man als Wildtiere.

3. Igel bleiben Wildtiere, auch wenn sie von Menschen gepflegt werden. Nur domestizierte Tiere bezeichnet man als Haustiere.

4. 'Domestiziert' bedeutet, dass eine Wildtierart über hunderte von Jahren an die Menschen
gewöhnt und von ihnen gezähmt wurde.

5. Igel haben bereits bei der Geburt Stacheln.
Anfangs sind es etwa 100, später werden es bis
zu 8000.

6. Ihre Stachel haben an der Wurzel eine weiche
Kugel. Damit können sie Stöße abfedern. Oben
sind sie spitz wie eine Nadel und innen hohl.

7. Der Durchmesser eines Stachels beträgt etwa
einen Millimeter.

8. Igel gab es bereits zu Dinozeiten vor 60 Millionen Jahren. Menschen existieren erst seit
etwa 300 000 Jahren.

9. Den europäischen Igel findet man vom Mittelmeer bis hinauf nach Südskandinavien, und
von England bis in den vorderen Teil Russlands.

Auswanderer haben sie auch in Neuseeland angesiedelt.

10. Es gibt weltweit 24 Igelarten.

11. Manche Igelarten haben keine Stacheln
sondern Fell. Dazu gehören zum Beispiel Rattenigel, auch Felligel genannt, Spitzmausigel,
Langohrigel oder Wüstenigel. Die Igel, die bei
uns leben, nennt man Braunbrustigel. Weiter
nördlich gibt es noch den Weißbrustigel. Diese
beiden Arten zählen zu den Kleinohrigeln.

Als sie alles notiert hatte, zeichnete Emily eine
Igelmama mit drei Igelkindern in ihr Buch. Sie
folgten ihr wie im Gänsemarsch. Da wollte natürlich auch Jonathan ein Bild malen. Auf seinem war ein Igel zu sehen. Er selbst stand daneben und hielt einen Finger hoch, von dem

Blut tropfte. Oma Martha musste auf einen Zettel schreiben: Igel piksen! Die Buchstaben übertrug Jonathan dann in vielen bunten Farben auf sein Bild.

Der Igel-Steckbrief

Emily konnte es kaum bis zum nächste Heimat- und Sachkundeunterricht erwarten! Ihr Bild nahm sie mit in die Schule, um es Frau Tanner und ihren Freundinnen zu zeigen.

Frau Tanner hatte ebenfalls etwas mitgebracht – einen Igelsteckbrief. Es waren drei Arbeitsblätter, die sie an jedes Kind verteilte. „Was auf dem Steckbrief steht, nehmen wir Schritt für Schritt durch", erklärte sie dabei.

Ganz oben auf dem ersten Blatt stand Igelsteckbrief. Darunter folgten viele Informationen.

Zum Beispiel, dass der europäische Braunbrustigel mit etwa 12 bis 24 g zur Welt kommt. Er kann bis zu 1100 Gramm schwer und bis zu 30 Zentimeter lang werden.

Gustav meldete sich. „Wie misst man eigentlich die Länge eines Igels?"

„Von der Schnauzenspitze bis zum Schwanzansatz", gab Frau Tanner Antwort und las weiter vor:

„Die Oberseite eines Igels ist mit Stacheln, die Unterseite mit gelbbraunem Fell bedeckt. Igel können 5 bis 6 Jahre alt werden. Sie sind nachtaktive Einzelgänger." Frau Tanner sah sich unter den Kindern um. „Wer weiß, was ein Einzelgänger ist?"

Emily meldete sich. „Die sind immer allein unterwegs und schlafen auch allein. Pferde sind anders. Sie sind Herdentiere. Da sind immer viele beieinander. Und Löwen und Katzen und Elefanten sind auch Herdentiere."

„Es stimmt, Einzelgänger leben allein. Das hast du ganz richtig erklärt. Aber Löwen oder Katzen oder Hunde nennt man Rudeltiere, nicht Herdentiere. Rinder wiederum sind Herdentiere."

„Und Menschen? Sind die auch Rudeltiere?", fragte Max.

Frau Thanner musste lachen. „Menschen sind da ganz verschieden veranlagt", sagte sie. „Manche von ihnen sind Einzelgänger, andere leben im Familienverband. Aber im Grunde genommen hast du recht, Max. Wir Menschen brauchen andere Menschen, sonst vereinsamen wir. Wir sind soziale Wesen. Das bedeutet, dass wir Kontakt zu anderen Menschen suchen.

Wir sind mit unserer Familie verbunden, haben Freunde und gehen zum Beispiel in Sportvereine."

Weil das alles nicht auf dem Arbeitsblatt stand, schrieb Frau Tanner auf die Tafel:

Igel sind Einzelgänger.

Pferde oder Elefanten sind Herdentiere.

Hunde oder Katzen sind Rudeltiere.

Menschen sind soziale Wesen.

Dann fuhr sie fort: „Igel fressen Würmern, Insekten und kleinen Wirbeltieren. Auch Eier mögen sie, die fressen sie sogar besonders gerne. Dazu räubern sie die Nester von Bodenbrütern aus. Ihre Augen sind zwar nicht gut, aber dafür hören sie ausgezeichnet. Und sie haben eine sehr feine Nase, mit der sie ihre Beute wittern."

„Ist das nicht doof, dass sie so schlechte Augen haben?", fragte Lisa, die selbst schlecht sah und eine Brille tragen musste.

„Wie gesagt, Igel sind nachtaktiv. Sie wagen sich erst mit der Dämmerung aus ihrem Nest. Da es dann dunkel ist, benötigen sie viel mehr als ihre Augen ihre anderen Sinne, das Hören und das Riechen."

Frau Tanner sah wieder auf das Arbeitsblatt. Sie las weiter: „Igel leben in lichten Wäldern oder am Waldrand, im Buschland neben Wiesen oder in Gärten."

„Was sind 'lichte Wälder'?", wollte Wolfi wissen.

„Dort stehen die Bäume nicht dicht an dicht. Dafür gibt es mehr Gestrüpp und Sträucher. Ähnlich wie am Waldrand oder in Gärten."

„In unserem Garten hab ich noch nie einen Igel gesehen", meldete sich Sophia. Es klang ein wenig traurig, und so sah sie auch aus.

Frau Tanner kannte das Haus, in dem Sophia lebte. Der Garten sah immer pikobello aus. Kurzgeschorener Rasen und Kiesflächen. Blumen gab es nur in Kübeln, einen Baum gar nicht. „Igel brauchen naturbelassene Gärten", erklärte sie dem Mädchen. „Euer Garten ist viel zu aufgeräumt. Dort können sie sich nicht verstecken. Sie finden auch kein herumliegendes Laub, mit dem sie sich ihr Nest Bauen könnten. In Gärten, in denen kein Gras wächst, keine Sträucher und Blumen stehen, gibt es auch keine Käfer und Spinnen. Aber von solchen Insekten ernähren sich die Igel. Und weil das alles so ist, kann es in eurem Garten auch keine Igel geben."

Sophia nickte. „Das ist schade", sagte sie.

„Damit sind wir auch schon beim nächsten Punkt", fuhr Frau Tanner fort. „Igel brauchen ein Nest, in das sie sich zum Schlafen zurückziehen können. Erst in der Dämmerung verlassen sie es wieder. Und in einem Nest bringen die Igelmamas auch ihre Jungen zur Welt. Sie richten es sich zum Beispiel in einem hohlen Baum, unter einem Holzstoß oder Laubhaufen ein."

„Sieht so ein Nest aus wie bei den Vögeln?", fragte Kathi.

„Nein. Für die Kinderstube oder den Winterschlaf muss das Nest eines Igels nicht nur besonders gut ausgepolstert werden. Sie brauchen auch eine dicke Schicht Laub und Heu, um sich damit zuzudecken."

„Wie wissen die Igel überhaupt, dass sie jetzt einen Winterschlaf halten müssen?", fragte Gustav. Er war einer von den Kindern, die nicht gerne zu Bett gingen, und die Vorstellung, monatelang schlafen zu müssen, fand er echt schlimm!

Frau Tanner nickte. „Das ist eine gute Frage, Gustav." Sie sah auf die Uhr. „Aber über den Winterschlaf sprechen wir nächstes Mal, denn unser Unterricht ist gleich vorbei."

Kaum gesagt, klingelte es auch schon. „Bis zur nächstes Heimat- und Sachkundestunde beantwortete ihr bitte die Fragen auf den Arbeitsblättern", sagte die Lehrerin noch.

Die Kinder packten ihre Sachen in die Schulranzen und gingen nach Hause. Dort übertrug Emily den Igelsteckbrief in ihr Igeltagebuch und schrieb noch ein paar andere Dinge dazu, an die sie sich erinnern konnte.

Notizen in Emilys Igeltagebuch

Igel-Steckbrief:

1. Gewicht: 12 bis 24 g nach der Geburt bis 1100 g wenn sie ausgewachsen sind. Männchen sind größer und schwerer als Weibchen. Bei der Geburt sind sie noch rosa, nach etwa einer Woche werden sie langsam grau.

2. Länge: Bis 30 cm

3. Ihre Oberseite ist mit Stacheln, die Unterseite mit gelbbraunem Fell bedeckt.

4. Sie können ein Alter von 5 bis 6 Jahren errei-
chen.

5. Igel sehen nicht gut, haben aber eine sehr
feine Nase und gute Ohren.

6. Sie ernähren sich von Würmern, Insekten
und kleinen Wirbeltieren. Manchmal fressen
sie auch Aas. Und sie lieben Eier.

7. Sie leben in lichten Wäldern, im Buschland,
auf Wiesen oder in naturbelassenen Gärten.

8. Igel brauchen ein Nest, in das sie sich zum
Schlafen zurückziehen können. Erst in der Dämmerung verlassen sie es wieder. Sie richten es
sich zum Beispiel in einem hohlen Baum, unter
einem Laubhaufen oder einem Holzstoß ein.

9. In ihrem Nest bringen die Igelmamas ihre
Jungen zur Welt.

10. Man misst Igel von der Schnauzenspitze bis zum Schwanzansatz.

11. Igel sind Einzelgänger. Pferde oder Elefanten sind Herdentiere. Hunde oder Katzen sind Rudeltiere. Menschen sind soziale Wesen.

Jonathan in der Kita

Jonathan hatte sein Bild ebenfalls mit in die Kita genommen und seiner Erzieherin und den anderen Kindern von 'seinem' Igle erzählt. Seine Erzieherin hieß Leonie. Als sie das Bild mit dem blutenden Finger betrachtete sagte sie: „Oje – so arg hat der Igel gepikst? Das ist ja schrecklich!"

Da schüttelte Jonathan den Kopf und beruhigte sie: „So schlimm war es gar nicht. Bloß fast so schlimm."

„Na, da bin ich aber beruhigt." Leonie wuschelte ihm lachend den Kopf. „Vor ein paar Jahren war hier im Garten auch ein Igel", erzählte sie den Kindern. „Der hatte sein Nest drüben unter der Hütte, in der wir das Draußenspielzeug aufheben. Aber dann war er eines Tages verschwunden."

„Warum war er verschwunden?", fragte Jonathan.

„Ich glaube, es war ihm zu laut hier", überlegte Leonie.

„Klar." Jonathan nickte. „Die schlafen ja am Tag, und da machen wir Kinder Lärm."

„Die schlafen am Tag?", wunderte sich Jonathans bester Freund. Er hieß Manuel. „Warum denn nicht in der Nacht?"

Leonie erklärte es ihm und den anderen Kindern.

Da tat sich auch schon die nächste Frage für Manuel auf. „Können Igel eigentlich sprechen?"

Die Kinder lachten. „Sprechende Tiere gibt es doch bloß im Fernsehen!"

„Ich meine natürlich in einer Igelsprache", sagte er und zog beleidigt eine Schnute. „Ich bin doch nicht blöd!"

Leonie wusste es nicht. Sie stand auf und holte den Tieratlas. Zum Glück stand dort auch einiges über Igel. „Man kann sie schnüffeln hören", erklärte sie. „Und sie fauchen, wenn sie sich bedroht fühlen."

„Und wenn ein Junges nach seiner Mami rufen will, weil es nicht schnell genug hinter ihr her-

kommen konnte? Oder wenn es mal wegge-
kuckt hat und seine Mami hinter einem Busch
verschwunden ist?" So etwas hatte Jonathan
bei einem Löwenbaby im Fernsehen beobach-
tet. Es hatte getrödelt und wäre beinahe von einem anderen Tier gefressen worden.

„Dann stößt das Junge einige kurze, schrille
Pfiffe aus", erklärte Leonie. „Die Igelmutter
sucht es und trägt es ins Nest zurück."

Manuel machte große Augen. „Wie kann eine
Igelmama ihr Junges tragen?" Er konnte sich
nicht vorstellen, wie das gehen sollte."

„Sie nimmt es ins Maul."

„Das habe ich schon mal bei unserer Katze gesehen", erzählte eins der Mädchen aus der
Gruppe. „Und das tut den Katzenbabys auch gar

nicht weh. Die Mamis sind dabei ganz vorsichtig. Die beißen nicht richtig zu, nur so ein bisschen." Das Mädchen hieß Marie und lebte auf einem Bauernhof. „Wir hatten mal einen Igel im Hühnerstall, der hat ein Ei stibitzt", erzählte sie weiter. „Der Opa war ganz schön sauer. Aber die Oma hat nur gelacht und gesagt: Dafür räumt er auch die Mäusenester aus."

Manuel zupfte Leonie am Ärmel. „Dürfen wir jetzt auch ein Igelbild malen?"

Sie nickte. „Das ist eine gute Idee!"

Bis zum Mittagessen hatten alle Kinder bunte Bilder gemalt. Leonie hängte sie mit Klammern an eine Leine, so als wäre es Wäsche zum Trocknen. Das sah lustig aus.

Zu Hause erzählte Jonathan, was sie in der Kita über Igel gelernt hatten. „Schreibst du es jetzt auch in dein Igelnotizbuch?", fragte er seine Schwester.

„Ja, klar." Sie ging gleich in ihr Zimmer und holte es.

Notizen in Emilys Igeltagebuch

1. Igel fauchen und schnüffeln, so 'sprechen' sie miteinander.

2. Wenn Junge nach ihrer Mutter rufen, stoßen sie einige kurze, schrille Pfiffe aus.

3. Igelmütter tragen ihre Jungen im Maul.

Dass eine Igelmutter ihr Junges im Maul trug, versuchte Jonathan zu malen, aber irgendwie gelang es nicht richtig. Deshalb zerriss er das Bild wieder und malte einen Igel mit Dino. Von Emily wusste er, dass es Igel schon gab, als noch Dinosaurier lebten.

Besuch bei Frau Falter

Am Samstagnachmittag riefen die Kinder Frau
Falter an. „Wir würden so gern unseren Igel besuchen. Dürfen wir kommen?"

Frau Falter war einverstanden, und Oma
Martha brachte sie hin.

Als ob der Igel gewusst hätte, dass er Besuch
bekommt, kroch er im Käfig herum. „Ihr habt
Glück, normal schläft er um diese Zeit noch",
sagte Frau Falter.

Jonathan beobachtete, wie der Igel zu seinem Fressnapf stapfte und sich an seinem Fressen bediente. „Ist er jetzt wieder gesund?"

„Nein, gesund ist er noch nicht. Aber es geht ihm schon viel besser."

„Und was frisst er da?"

„Das ist Katzenfutter aus der Dose mit etwas Rührei vermischt. Und damit er weiter zu Kräften kommt habe ich auch ein Medikament unter das Fressen gerührt."

„In der Schule haben wir gelernt, dass Igel gerne Laufkäfer und andere Insekten fressen", erzählte Emily.

Frau Falter nickte. „Sie fressen in einer einzigen Nacht bis zu 200 Schädlinge."

„In einer einzigen Nacht? Boh! Das ist viel", sagte Jonathan.

„Stimmt. Würde man ihre Beute wiegen, wäre
das etwa ein Drittel ihres eigenen Körperge-
wichts.“

„Und was sind Schädlinge eigentlich?“, wollte
er noch wissen.

„So nennen Menschen Insekten und anderes
Getier, das ihnen etwas wegnimmt. Kein schö-
ner Ausdruck, wie ich finde. Solches Getier, und
ist es noch so klein, braucht auch etwas zu fressen. So ist das nun einmal.“

Das verstand Jonathan nicht. „Was können so
kleine Tiere uns Menschen wegnehmen?“

„Da kannst du mal deine Oma fragen. Als Gärt-
nerin weiß sie das am besten.“

Oma Martha nickte. „Nimm nur mal die Larven
der Maikäfer. Bis aus den Larven Käfer werden,
leben sie in der Erde. Dort ernähren sie sich

vom Wurzelwerk eines Baumes. Sie brauchen vier Jahre, um zu Käfern zu werden. In dieser Zeit können sie den ganzen Baum zur Strecke bringen."

Was Larven waren, wusste Jonathan schon. Opa Franz hatte ihm mal welche gezeigt. Sie sehen wie dicke, weiße, sehr kurze Würmer aus.

„In Afrika gibt es manchmal Heuschreckenschwärme", erzählte jetzt Emily. „Wenn die über die Felder von den Leuten herfallen, dann räumen die ratzeputz alles ab. Und die Leute haben nichts mehr zu essen. Das hat die Mami mal erzählt."

„Und weil die Igel so eine Menge Schädlinge vertilgen, sind sie beliebte Gäste in unseren Gärten", fuhr Frau Falter fort. „Allerdings gibt es einen Haken bei der Sache. Viele Leute halten ihre Gärten pikobello sauber oder spritzen sogar Gift gegen Kräuter. Darum gibt es immer weniger Insekten. Deshalb haben die Igel nicht mehr genug zu fressen. Und wenn sie nicht mehr genug zu fressen finden können, sterben sie irgendwann aus."

„Das haben die Dinos auch gemacht!", rief Jonathan gleich.

Oma Martha lache. „Bei den Dinos war das etwas anders, und so kannst du das auch nicht sagen. Tiere machen das nicht. Es geschieht, weil sie sich nicht mehr fortpflanzen."

„Was ist fortpflanzen?" Das Wort kannte Jonathan noch nicht.

Emily erklärte es ihm. „So sagt man, wenn Tiere Junge bekommen. Dann pflanzen sie sich fort."

Oma Martha nickte. „Richtig. Und wenn Tiere in der Natur nicht genug Nahrung finden können, bekommen sie auch keine Jungen mehr. Dann stirbt die Art aus."

„Solche vorm Aussterben bedrohten Tiere werden in einer sogenannten Roten Liste aufgeführt", fügte Frau Falter noch an. Und in diese Liste wurde der Igel bei und in Bayern bereits 2017 aufgenommen."

Die Kinder sahen sie aus großen Augen traurig an. „Dann gibt es irgendwann gar keine Igel mehr?"

Frau Falter nickte. „Das kann passieren, wenn wir Menschen unser Verhalten nicht ändern."

Der Igel 323, wie der Igel der Kinder hieß, hatte genug gefressen. Er tapste zu seiner Hütte aus Karton zurück und kroch hinein.

„Das sieht lustig aus, wenn er so tapst“, fand Jonathan. „Dann sieht man seine schwarzen Füße mit den großen Krallen. Wenn meine Füße so schwarz wären, würde die Mami ganz schön schimpfen!“

Frau Falter lachte. „Wenn deine so schwarz wären, wäre das auch was anderes. Dann wären sie furchtbar schmutzig. Igelfüße sind übrigens etwas ganz Besonderes. Mit ihnen nimmt er die geringsten Erschütterungen wahr. Wenn eine Raupe von einem Baum fällt, dann spürt er das mit seinen Füßen. Erstrecht natürlich, wenn sich ein Mensch oder ein Hund nähert.“

„Schläft er jetzt wieder?“, fragte Jonathan.

„Er ruht sich nur ein bisschen aus. Weil er noch nicht gesund ist, strengt ihn sogar das Fressen an.“

Notizen in Emilys Igeltagebuch

1. Igel fressen in einer einzigen Nacht bis zu 200 Larven, Insekten und anderes Getier. Das entspricht etwa einem Drittel ihres Körpergewichtes.

2. Finden Igel nicht genug zu fressen, pflanzen sie sich nicht mehr fort. Darum kann es sein, dass sie eines Tages aussterben.

3. In Bayern wurde der Igel bereits 2017 in die Rote Liste der gefährdeten Tierarten aufgenommen.

4. Igelfüße nehmen jede noch so leichte Erschütterung wahr. Das hilft bei der Nahrungssuche und warnt vor Feinden, die sich nähern.

Winterschlaf

Vor allem Gustav war neugierig auf die heutige Heimat- und Sachkundestunde. Er hatte in der letzten Stunde gefragt, wie Igel wissen können, dass sie in den Winterschlaf gehen müssen. Weil aber der Unterricht zu Ende war, hatte Frau Tanner die Antwort auf die nächste Stunde verschoben. Das mit dem Winterschlaf interessierte ihn aus ganz persönlichen Gründen. Denn dass er und Frieda schon um acht Uhr abends ins Bett gehen mussten, während ihre ältere Schwester Barbara bis neun Uhr aufbleiben durfte, fand er ziemlich ungerecht. Nicht auszudenken, wenn er ein Igel wäre und auch noch den ganzen Winter über schlafen müsste!

„Es gibt mehrere Gründe, die bewirken, dass Igel sich für den Winterschlaf einrichten", erklärte Frau Tanner. „Es fängt damit an, dass sie weniger Futter finden. Wie ihr schon wisst, fressen sie hauptsächlich Insekten. Doch auch Insekten halten Winterschlaf. Wird es kälter, verstecken sie sich in Ritzen von Baumrinden, in totem Holz, unter Laub, in Mauerritzen oder in der Erde. Dort bleiben sie, bis sie im Frühjahr durch die warmen Sonnenstrahlen wieder aus ihrem Winterschlaf geweckt werden. Gibt es aber weniger Futter, können auch Igel nicht mehr so aktiv sein, sie müssen Energie sparen."

Sophia, die in einem ganz neuen und modernen Haus wohnte, kannte das mit dem Energie sparen im Zusammenhang mit der Heizung. Sie meldete sich und erzählte davon. Dann fragte sie: „Wie sparen die Igel Energie? Sie haben doch gar keine Heizung!"

Frau Tanner lächelte. „Doch, wir haben alle eine Art Heizung in uns. Es sind das Herz und der Blutkreislauf. Sie werden angetrieben durch Nahrung und Bewegung. Gewöhnlich schlägt das Herz des Igels etwa 180-mal in der Minute. Im Winterschlaf schlägt es nur noch achtmal. Dann atmet er auch nur noch dreimal pro Minute und senkt seine Körpertemperatur von 36 Grad auf 5 Grad."

Die Kinder staunten. 180-mal war richtig viel und achtmal dagegen recht wenig. Und wenn es draußen nur noch fünf Grad hatte, dann war es schon ordentlich kalt.

„Damit kommen wir zu Punkt zwei", fuhr Frau Tanner fort. „Fallen die Außentemperaturen, suchen sich die Igel wie die Insekten einen geschützten Platz zum Überwintern. Wie gerade schon gesagt, senkt sich jetzt ihr Herzschlag. So passt sich die Körpertemperatur der Umgebungstemperatur an. Wie weit senkt sich die Temperatur?", fragte Frau Tanner nach.

Kathi meldete sich als erste. „Fünf Grad!"

„Richtig." Frau Tanner nickte und fuhr fort. „Punkt drei ist die abnehmende Tageslichtlänge. Auch das ist ein Zeichen für den Igel, dass es Zeit wird, sich ein warmes Winternest zu bauen. Und ein letzter Faktor sind die Hormone." Frau Tanner sah von einem zum anderen. „Kann mir schon einer von euch sagen, was das Wort Hormone bedeutet?"

Das wusste niemand, deshalb erklärte es Frau Tanner.

„In jedem Lebewesen gibt es chemische Stoffe. Sie treiben den Körper an, damit er all das tut, was nötig ist, um ihn am Leben zu erhalten. Weil das so ist, hat man das altgriechische Wort Hormon als Name dafür ausgewählt. Denn es bedeutet antreiben. Man nennt Hormone aber auch Botenstoffe. Ein Bote überbringt etwas, wie ihr ja wisst. Vielleicht ein Päckchen oder eine Nachricht."

„Meiner Mami hat ein Bote mal Blumen gebracht!", rief Wolfi dazwischen.

Frau Tanner nickte. „Die Hormone in unserem Körper überbringen aber weder Blumen noch Nachrichten. Sie bringen uns Stimmungen wie Glücksgefühle oder Stress oder solche Empfindungen wie Hunger, Frieren oder Sehnsucht. Und sie sind an vielen Vorgängen im Körper beteiligt. Zum Beispiel lassen sie Knochen und Muskeln wachsen oder regulieren die Atmung, den Blutdruck und mehr. Und wenn es für die Igel Zeit wird, in den Winterschlaf zu gehen, dann schicken die Hormone diese Information an ihren Körper, und er richtet sich darauf ein.“

„Und wie werden die Igel dann im Frühjahr wieder wach?“, fragte Gustav, der so ungern schlafen ging.

„Das könnt ihr euch umgekehrt vorstellen. Die Tage werden wieder länger, es wird langsam wärmer, die Insekten kommen zurück, und die Hormone geben einen Impuls zum Aufwachen."

Und weil das alles schwer zu verstehen ist, hat Frau Tanner es ausführlich auf Arbeitsblättern notiert, die sie den Kindern mit nach Hause gab. Wolfi hatte da aber noch eine Frage: „Wie groß sind eigentlich solche Hormone? Kann ich mal eins sehen?"

Frau Tanner schmunzelte. „Nein, sie sind so winzig, dass man sie nicht einmal mit dem Mikroskop erkennen kann."

„Schade …" Wolfi zog eine Schnute.

Als Emily am Nachmittag zu Hause war, holte sie gleich ihr Igel-Notizbuch und schrieb alles auf.

Igel wissen, dass es Zeit wird, in den Winterschlaf zu gehen, wenn es

1. weniger Futter gibt

2. wenn es immer kälter wird

3. wenn es immer früher dunkel wird

4. wenn sich die Hormone entsprechend verän-
dern.

5. Dann schlägt ihr Herz nur noch achtmal, statt
180-mal. Sie atmen nur noch dreimal die Minute, und sie senken ihre Temperatur von 36
auf 5 Grad.

6. Im Frühjahr passiert alles andersherum. Die
Tage werden wieder länger, es wird langsam
wärmer, die Insekten kommen zurück, und die
Hormone geben einen Impuls zum Aufwachen.

Wenn Igel Junge kriegen

In der nächsten Stunde wiederholte Frau Tanner das mit den Hormonen noch einmal. Sie fragte die Kinder, was Hormone alles bewirken können.

„Dass man Hunger oder Durst hat!", meldete sich Frieda gleich.

„Dass die Muskeln wachsen!", rief Sophie.

„Oder die Knochen und die Haare. Und dass wir atmen und das Herz richtig pumpt", fügte Emily an.

„Richtig", war Frau Tanner mit den Antworten zufrieden. „Aber auch wenn es darum geht, Nachwuchs zu bekommen, spielen Hormone eine sehr wichtige Rolle. „Und damit sind wir beim heutigen Thema. Es geht um die Fortpflanzung."

Das Wort Fortpflanzung stand auch als Überschrift auf dem Arbeitsblatt, das Frau Tanner gleich austeilte.

„Hormone geben den Impuls, sich einen Partner zu suchen", erklärte sie dabei. „Denn um Junge zu bekommen, braucht die Igelin ein Igelmännchen. Für Nachwuchs zu sorgen ist sehr wichtig, wie wir ja schon einmal besprochen haben. Denn vermehrt sich eine Art nicht mehr oder nicht häufig genug, stirbt sie aus."

„Heiraten Igel, wenn sie sich verliebt haben?",
fragte Sophia.

„Du meinst, ob sie als Paar für immer zusammenbleiben? – Nein, Igel sind Einzelgänger. Sie paaren sich, dann gehen sie wieder auseinander, und die Igelmama sorgt allein für die Jungen, die sie bekommen wird."

„Ist das nicht gemein, wenn die Igelmama alles allein hinkriegen muss?", fragte Lisa – sie war das Mädchen mit der Brille.

„Viele Tiere machen das so. Pferde, Hunde, Katzen zum Beispiel."

„Meine Kusine hat auch keinen Papa, der sich um sie kümmert", erzählte Max.

„Stimmt, auch viele Menschen sorgen ohne Partner für ihre Kinder", bestätigte Frau Tanner.

Sie blätterte in ihrem Buch und kam dann wieder auf die Igel zu sprechen. „Die Paarungszeit der Igel beginnt etwa Anfang Mai und dauert bis Mitte August. Ob sie sich früher oder eher später paaren, hat auch mit dem Wetter zu tun. Ist es zu trocken, gibt es zu wenig Insekten. Dann finden die zukünftigen Igelmamis nicht genug zu fressen und sind deshalb auch nicht zur Paarung bereit. Sie fauchen das Männchen, das sich ihnen nähert, mit aufgestellten Kopfstacheln an und stoßen nach ihm. So vertreiben sie es, bis die richtige Zeit gekommen ist."

„Und was ist, wenn gar kein Männchen in der Nähe ist?", fragte Emily. „Dann können die Igel sich ja gar nicht paaren!"

Frau Tanner nickte. „Deshalb legen die Männchen oft sehr weite Strecken zurück, um ein

Weibchen zu finden. Haben sie schließlich eine Partnerin gefunden, führt das Männchen seinen Penis in die Scheide des Weibchens ein, damit sein Samen ihre Eizellen befruchten können. Sind die Eizellen befruchtet, teilen sie sich immer wieder, werden größer und größer, bis ein Igelbaby daraus wird. So wachsen und gedeihen die Jungen 32 bis 35 Tage im Bauch der Igelin."

„Bei meiner Mama hat das viel länger gedauert", verkündete Lisa. „Mindestens ein paar Monate."

„Neun Monate dauert es bei uns Menschen", bestätigte Frau Tanner.

„Bei mir ging es schneller!", rief Wolfi. „Ich bin schon nach sieben Monaten gekommen!"

Frau Tanner hob warnend den Finger. „Vermutlich bist du deshalb immer so vorlaut und rufst dazwischen, ohne dich erst einmal zu melden."

Aber dann lachte sie. Man konnte Wolfi nicht wirklich böse sein.

„Gegen Ende der Tragezeit baut sich die werdende Mama ein sogenanntes 'Wochenstubennest', in dem sie ihre Jungen zur Welt bringt", erklärte die Lehrerin weiter. „Das ist ein geschützter Platz. Zum Beispiel in einem holen Baum oder unter Laub oder unter einem Holzstoß. Sie muss diesen Platz so aussuchen, dass keine anderen Tiere für ihren Nachwuchs zur Gefahr werden. Katzen könnten die Jungen zum Beispiel fressen. Igelbabys haben ja nur wenig und ganz weiche Stacheln, die sie noch nicht schützen."

„Wie viele Jungen bekommt ein Igelweibchen?", fragte Kathi.

„Sie bekommen einmal im Jahr meist drei bis
vier Junge. Es können aber auch bis zu zehn
werden. Die Anzahl der neugeborenen Jungen
nennt man 'Wurf'."

„Boh, das ist viel!" Gustav fand, dass er sich
schon über seine Zwillingsschwester und seine
ältere Schwester Barbara genug ärgern musste.
Hätte er neun Geschwister, würde er lieber
gleich zu seiner Oma ziehen!

„Igel gehören zu den Säugetieren", fuhr Frau
Tanner fort. „Das bedeutet, sie trinken bei der
Mutter Milch, bis sie selbstständig Futter finden
können. Dass sie selbstständig fressen, ist etwa
nach fünf Wochen der Fall. Wie wir schon gehört haben, wiegen Igelbabys bei der Geburt 12

bis 24 Gramm. Anfangs sind sie blind. Nach etwa zwei Wochen öffnen sie die Augen und die Gehörgänge."

„Was ist ein Gehörgang?", fragte eins der Mädchen.

„Es ist eine Art Röhre, die zum weiter innen liegenden Trommelfell führt. Dort wird der Schall wahrgenommen, der von außen kommt. Das nennen wir hören."

„Dann sind die kleinen Igel ja anfangs taub!"

„Stimmt. Zwei Wochen lang können sie weder hören noch sehen. Aber sie riechen und sie fühlen ihre Mutter und ihre Geschwister."

Frau Tanner blätterte wieder in ihrem Buch. Dann fuhr sie fort: „Wenn die Kleinen zwischen drei und vier Wochen alt sind, nimmt die Igelin sie mit auf Nahrungssuche. Jetzt haben sie auch schon Milchzähne. Sie säugt die Kleinen aber noch eine weitere Woche, bis sie das Jagen gelernt haben. Im Alter von etwa sechs Wochen sind die Jungen schließlich selbstständig. Dann trennen sie sich von ihrer Mutter und ihren Geschwistern. Denn Igel sind, wie wir schon gelernt haben, Einzelgänger. Erwachsen sind sie mit etwa zehn Monaten. Ab diesem Zeitpunkt können sie Junge bekommen."

„Warum trennen sie sich schon so früh von ihrer Mami, wenn sie erst mit zehn Monaten erwachsen sind?", wunderte sich Frieda.

„Sobald sie jagen können, brauchen sie ihre Mutter nicht mehr. Und ihre Geschwister wären dann nur Konkurrenten, die ihnen das Futter streitig machen würden. Getrennt haben sie bessere Chancen, Futter zu finden. Genaugenommen", fügte Frau Tanner nach einer Pause an, „sind Igel nämlich gar keine Jäger. Sie sind Finder. Sie streifen nachts oft kilometerweit umher und fressen, was sie finden können. Mal läuft ihnen ein Käfer vor die Schnauze, mal finden sie einen Regenwurm oder ein kleines, totes Tier."

„Wenn sie da zu zweit oder sogar noch mehr wären, dann gäbe es bestimmt richtig Ärger", schlussfolgerte Gustav.

Das war eine Menge Stoff für die heutige Stunde, und natürlich hatte Frau Tanner wieder ein Arbeitsblatt für die Kinder vorbereitet. Zu Haus schrieb Emily gleich alles in ihr Igelbuch und malte ein Bild dazu.

1. Hormone geben den Impuls, sich einen Partner zur Fortpflanzung zu suchen.

2. Die Igelin zieht ihre Jungen allein auf, weil Igel Einzelgänger sind.

3. Die Paarungszeit der Igel beginnt etwa Anfang Mai und dauert bis Mitte August.

4. Ob die Igelin zur Paarung bereit ist, hängt vom Nahrungsangebot ab.

5. Die Männchen oft sehr große Strecken zurück, um ein Weibchen zu finden.

6. Nach 32 bis 35 Tage im Bauch der Igelin werden die Jungen geboren.

7. Ein Wurf besteht durchschnittlich aus vier Junge. Es können aber auch bis zu zehn sein.

8. Igel gehören zu den Säugetieren, sie trinken Milch bei ihrer Mutter.

9. Käfer und Würmer können sie erst nach etwa fünf Wochen fressen.

10. Bei der Geburt wiegen Igelbabys 12 bis 24 Gramm.

11. Erst nach etwa zwei Wochen öffnen sie die Augen und die Gehörgänge.

12. Im Alter von etwa sechs Wochen trennen sich die Jungen von ihrer Mutter und ihren Geschwistern. Erwachsen sind sie aber erst mit etwa zehn Monaten.

13. Igel sind eigentlich keine Jäger sondern Finder, denn sie fressen, was ihnen zufällig vor die Nase kommt.

Eine tolle Überraschung!

„Das Wetter macht uns morgen leider einen dicken Strich durch die Rechnung. Es wird regen."
Das sagte Frau Tanner, bevor sie die Kinder am Dienstag nach Hause entließ. „Aus unserem Wandertag wird leider nichts."

„Dann fällt er schon zum zweiten Mal ins Wasser! Das ist gemein!", rief Wolfi.

„Wenn alle Gummistiefel und Regencapes tragen, könnten wir doch trotzdem gehen", schlug Emily vor.

Aber da schüttelte Frau Tanner den Kopf. „Dann seid ihr mir übermorgen alle krank. Nein, aber ich habe eine andere Idee. Sie wird euch auch gefallen." Was das für eine Idee war, wollte sie nicht verraten, es sollte eine Überraschung werden.

„Müssen wir dann morgen unsere Schultaschen mitbringen?", wollte Sophia wissen.

„Bringt etwas zum Schreiben und zum Malen mit, das genügt", sagte Frau Tanner.

Als die Kinder morgens zur Schule kamen, regnete es tatsächlich in Strömen. Sie waren froh, dass sie nicht raus mussten und neugierig, was für eine Überraschung ihre Lehrerin für sie hatte. Als dann Frau Falter mit einem Igel in einer Transportbox die Klasse betrat, waren die Kinder begeistert. Außer Emily hatte noch keins der Kinder einen lebenden Igel gesehen. Nur Fotos kannten sie bis jetzt.

Frau Tanner hatte die Leiterin der Wildtierstation zu einer Fragestunde eingeladen. Der Igel, den sie bei sich hatte, hieß Iwan. „Er ist für mich ein ganz besonderer Igel", erzählte Frau Falter. „Er wurde mir gebracht, da passte er gerade so in meine Hand. Ich befürchtete, dass der Kleine nicht am Leben bleiben würde. Sein linkes vorderes Pfötchen war von einem Tier angefressen, und er sah zum Erbarmen aus. Aber er hat gekämpft, und er hat es tatsächlich geschafft!"

„Musstest du ihn mit der Flasche aufziehen?", fragte Frieda.

Die Lehrerin sah sie streng an. „Du darfst nicht einfach du zu Frau Falter sagen."

„Ist schon in Ordnung", genehmigte Frau Falter
das Du und beantwortete Friedas Frage mit Ja.
„Am ersten Tag bekam er nur Fencheltee. Da-
nach fütterte ich ihn mit Welpenmilch, denn
Kuhmilch vertragen Igel nicht. Sie bekommen
davon schlimme Bauchkrämpfe und würden
daran sterben. Aber mit dem Füttern allein ist
es nicht getan. Man muss das Bäuchlein des
Igels vor und nach jeder Mahlzeit massieren,
damit er Kot und Urin absetzen kann. Das
macht die Igelmutter auch. Sie leckt die Bäuchlein ihre Jungen. Und wärmen muss man die
Kleinen, und alle Parasitzen mit der Pinzette
entfernen. Das alles macht sehr viel Arbeit, und
man muss genau wissen was man tut. Ein ver-
lassenes und krankes Tier mit der Hand aufzu-
ziehen ist eine große Aufgabe."

„Aber du hast es geschafft", sagte Emily. Sie war hörbar stolz auf Frau Falter.

„Nicht ich, Iwan hat es geschafft. Er war so tapfer und hat sich nicht aufgegeben."

„Und entlässt du ihn jetzt wieder in die Freiheit?", fragte Emily noch. Sie wusste ja schon, dass Frau Falter die gesunden Igel wieder auswilderte.

„Iwan lebt in meinem Garten gleich unter der Treppe. Dort hat er sein Häuschen. Er ist vollkommen zahm. Er kann nicht mehr weit laufen, denn er hat ja nur drei Pfoten. Er bekommt Futter von mir. Und wenn ich abends auf der Terrasse sitze, dann besucht er mich. Es macht ihm auch nichts aus, mit mir im Auto zu fahren und sich von den Kindern einer Schulklasse bestaunen zu lassen. Einem anderen Igel würde ich das nicht zumuten. Doch für Iwan ist es kein Stress."

Der Igel saß ganz ruhig auf Frau Falters Händen und schaute die Kinder neugierig an. Ein bisschen verschlafen wirkte er. Aber sonst schien er ganz zufrieden.

Schließlich setzte Frau Falter ihn wieder in seine Box. Dort konnte er in Ruhe schlafen, während sie die Fragen der Kinder beantwortete. Und die Kinder hatten eine Menge Fragen!

„Können Igel eigentlich schwimmen?", wollte Gustav wissen.

„Ja. Sie können, wenn sie unbedingt müssen, weil sie zum Beispiel in einen Bach gefallen sind. Aber sie tun es nicht gern."

„Und wie können sie das? Sie haben doch so kurze Beine."

„Es ist mühsamer für einen Igel als zum Beispiel für eine Ente, da hast du recht. Enten haben Schwimmhäute an den Füßen. Sie wirken wie Flossen. So verdrängen sie mehr Wasser. Deshalb geht das Schwimmen viel leichter und schneller als bei Säugetieren. Aber auch die kleinen Pfoten eines Igels können etwas Wasser verdrängen, und darauf kommt es an. Es kostet halt mehr Energie.“

„Wozu braucht ein Igel so große Krallen, wenn er sich doch gar keine Höhle zum Schlafen buddeln muss?“, wollte Wolfi wissen.

„Er braucht sie, um die Käfer oder Würmer festzuhalten. Manchmal muss er auch einen Hang hinaufklettern, dabei helfen ihm die Krallen ebenfalls.“

Dazu konnte Emily etwas sagen. Sie erzählte den Kindern die Geschichte von dem Igel, der auf den Schrank geklettert war. „Mein kleiner Bruder Jonathan dachte deshalb, Igel können fliegen."

Das fanden die Kinder lustig, sie lachten.

Dann hatte auch Emily noch eine Frage. Sie hatte mit ihrer Oma in einem Lexikon etwas über Wüstenigel gelesen. „Wüstenigel fressen auch giftige Tiere. Aber wenn der Wüstenigel einem Skorpion den Schwanz abbeißt, wieso ist er dann nicht selbst vergiftet? Der Skorpion hat in seiner Schwanzspitze doch ein schlimmes Gift?"

„Wüstenigel sind gegen Schlangen- oder Skorpiongift immun. Das heißt, es macht ihnen wenig bis gar nichts aus."

„Wie wird man denn immun?"

„Das ist ein sehr langer Prozess. Das entwickelt sich über hunderte von Jahren. Die meisten von euch haben schon mal eine Impfung bekommen, oder? – Und da haben sich durch die Impfung im Körper sogenannte Antistoffe entwickelt. Wenn ihr nach einer Impfung gegen Zeckenbisse von einer Zecke gebissen werdet, dann schadet euch das nicht mehr. Wüstenigeln, die über viele Generationen immer wieder von Skorpionen gestochen wurden, brauchen keine Impfung mehr. Bei ihnen werden diese Antistoffe schon von der Mutter an die Jungen weitergegeben."

„Dann macht es den Wüstenigeln auch nichts aus, wenn sie von einer Giftschlange in den

Bauch gebissen werden?", wollte Gustav wissen.

„Das schafft die Giftschlange nicht. Der Igel rollt sich ganz fest zu einer Kugel zusammen. Aber würde sie es schaffen, es würde ihm tatsächlich nicht viel ausmachen."

Jetzt meldete sich Lisa. „Wie können Igel sich eigentlich so kugelig zusammenrollen?"

„Macht doch mal alle eine feste Faust", schlug Frau Falter vor.

Die Kinder ballten ihre Hände zu Fäusten.

„Und, wie habt ihr das gemacht?"

Sie überlegten eine Weile. „Wir haben die Muskeln benutzt", antwortete Emily etwas zögerlich. Sie sich nicht ganz sicher war, ob das stimmt.

„Richtig. Es passiert durch die Kraft eurer Muskeln. So ist es auch bei den Igeln. Wenn aber ein Igel nicht ganz gesund ist oder zu wenig zum Fressen hatte, dann ist er schwach. Und wenn er schwach ist, kann er sich nicht mehr fest genug zusammenrollen. Dann wird es gefährlich für ihn, denn dann können ihn seine Feinde so lange bearbeiten, bis er aufgeben muss. Das Zusammenrollen ist seine Möglichkeit, sich zu schützen."

„Dann hat ein Igel gar keine Feinde, die ihm an den Kragen wollen?"

„Doch. Hungernde Igel suchen auch bei Tag nach Nahrung. Solche Igel sind schwache Igel. Ihnen können Marder, Füchse oder Wildschweinen gefährlich werden. Auch Krähen und Elstern greifen Igel mit ihren Schnäbeln an, wenn sie am Tag herumlaufen. Uhus jagen nachts. Sie haben so kräftige, lange Krallen, dass sie damit sogar einen fest eingerollten Igel töten können. Auch der Dachs kann mit seiner langen und kräftigen Schnauze einen Igel aufrollen. Doch der schlimmste Feind der Igel ist der Mensch", sagte Frau Falter am Schluss.

Darüber sind die Kinder erschrocken. „Wir essen doch keine Igel!", rief Wolfi empört.

„Nein. Aber wir überfahren sie mit unseren Autos. Da hilft dem Igel das Einrollen gar nichts."

„Das hat uns auch Frau Thanner schon erzählt", sagte Lisa. „Aber warum fliehen Igel eigentlich nicht, wenn ein Auto kommt?"

„Sie sind keine Fluchttiere. Ihre Überlebensstrategie ist das Einrollen. Damit konnten sie als Art in der Natur Millionen von Jahren bestehen.

Und noch etwas kostet vielen Igeln das Leben",
fuhr Frau Falter fort. „Wenn sich Igel in unseren
Gärten zum Überwintern unter große Laubhaufen zurückziehen und wir Menschen diese
Laubhaufen verbrennen, um im Garten Ordnung zu schaffen."

„Dann verbrennen ja auch die Igel!", rief Kathi
entsetzt.

„Eben. Deshalb darf man nie einen Laubhaufen
anzünden oder entfernen, ohne vorher vorsichtig zu kontrollieren, ob ein Igel sein Nest hinein-
gebaut hat. Am besten, man zündet Laubhaufen gar nicht an. In einem Garten sollte es immer wenigstens eine Ecke geben, die nicht aufgeräumt wird. Nur dann können Igel, Käfer und
andere Tiere im Garten wohnen."

Wolfi fragte: „Wie kann ein Igel eigentlich seine Stacheln aufstellen?"

„Wenn er sich rund macht, heben sich die Stacheln automatisch. Wenn er sich flach macht, sinken die Stacheln auf seinen Körper zurück. Es ist wie beim Einrollen eine Sache der Muskeln. Anspannen und loslassen."

Frau Tanner hatte eine Idee. „Kniet euch doch alle mal auf den Boden. Auch die Hände kommen auf den Boden, als ob ihr eine Katze seid, die auf allen vier Beinen steht." Sie wartete, bis alle so weit waren. „Jetzt drückt den Rücken Richtung Decke." Die Kinder sahen aus, als hätten sie einen Katzenbuckel. „Und jetzt drück den Bauch Richtung Boden." Der Rücken der Kinder bildete eine Kuhle. „So heben und senken sich die Stacheln."

Max hatte Angst vor Hunden, denn seine Tante war schon einmal von einem gebissen worden. Deshalb fragte er Frau Falter: „Wieviel Beißkraft hat ein Igel eigentlich?"

„O, das kann ich dir nicht sagen. Aber jedenfalls kann er die Knochen einer Maus zerbeißen. Und sie ist für ihn doch immerhin so groß wie für uns eine Katze."

„Und kann er auch Menschen beißen?"

„Mich hat einmal ein Igel gebissen, weil ich ihn untersuchen wollte. Dagegen hat er sich gewehrt. Das tat schon ein bisschen weh, aber ich hatte keine Wunde. Er kann es also, aber ein Igel, der draußen herumläuft, wird niemals einen Menschen anfallen."

„Ach so." Max war erleichtert.

Emily dachte an ihren Igel, der bei Frau Falter war. Und an die vielen anderen Igel, die sie bei Frau Falter gesehen hatte. „Ich würde gerne wissen, warum so viele Igel im Herbst für den Winterschlaf noch zu klein sind. Mein Papa sagt: Die Natur richtet alles so ein, dass es passt. Dann hat aber die Natur das bei den Igeln doch nicht richtig eingerichtet, oder?"

„Es ist andersherum. Die Tiere und Pflanzen richten sich nach der Natur. Aber der Mensch greift immer mehr in die Natur ein. Er baut immer mehr Häuser und Straßen. So bleibt immer weniger Platz für die Tiere. Durch all das Bauen, die Abholzung von Wäldern, das Heizen und die Viehzucht erwärmt sich die Erde. Das beeinflusst auch das Wetter. Oft ist es zur Paarungszeit der Igel noch viel zu trocken. Wenn es aber zu trocken ist, gibt es zu wenig Käfer oder Regenwürmer. Da haben die Igel zu wenig Futter. Deshalb warten die Weibchen damit ab, Junge zu bekommen, bis es mehr Futter gibt. Doch das ist dann oft so spät im Jahr, dass die kleinen Igel nicht mehr genug Zeit haben, sich für den Winter genug Fett anzufressen."

Jetzt meldete sich Frieda noch einmal. „Mein Opa hat erzählt, dass manche Igel spucken. Zu uns sagt die Mami immer, dass man nicht spucken darf. Das tun nur Kinder, die nicht gut erzogen sind."

Frau Falter lachte. „Dass wir den Eindruck haben, Igel spucken, liegt nicht etwa an einer schlechte Kinderstube. Es hat mit dem 'Jacobsonschen Organ' zu tun. Das ist eine kleine Öffnung am Gaumen, also innen im Mund. Diese

'Riechzelle' ist mit der Nase verbunden. Findet der Igel etwas, das er nicht sofort einordnen kann, kaut er zuerst einmal darauf herum. Den Speichel, der so entsteht, transportiert er dann zu diesem Geschmacksorgan. So erkennt er, ob es sich um einen leckeren Laufkäfer handelt, oder ob es etwas ist, das sich nicht zum Fressen eignet."

Es klingelte zur Pause. Frau Falter sah auf die Uhr. „Für Iwan und mich wird es Zeit, nach Hause zu fahren. Ihr habt jetzt auch schon so viel gelernt, dass vermutlich nichts mehr in eure Köpfe hineinpasst."

Das stimmte. Hätte sich Emily nicht immer wieder Notizen gemacht, könnte sie sich sicher zu Hause nicht mehr an alles erinnern, um es in ihr Igelbuch zu schreiben!

Nach der Pause malten die Kinder Igelbilder, die sie später an die Wand hängten. Wolfi hatte einen spuckenden Igel gemalt, Frieda Frau Falter mit Iwan. Auf Sophias Bild sah man sie selbst mit Katzenbuckel auf dem Boden knien, aus ihrem Rücken staken Igelstachel. Gustav hatte ein Auto gemalt, davor einen Igel. Er hatte darübergeschrieben: Wir haben rechtzeitig gebremst! Und auf Maxis Bild sah man einen Igel mit großen, gefährlichen Zähnen.

Als die Kinder nach Hause gingen, regnete es immer noch. Es war zwar schade, dass der Wandertag ins Wasser gefallen war, aber Frau Falters Besuch war mindestens genauso schön gewesen!

Nach dem Mittagessen holte Emily gleich ihr Igeltagebuch, setzte sich damit an den Tisch und schrieb alles auf, woran sie sich noch erinnern konnte.

Notizen in Emilys Igeltagebuch

1. Igel können schwimmen, aber sie tun es nicht gern.

2. Mit ihren Krallen halten Igel ihre Beute fest.

3. Wüstenigel sind gegen Schlangen- und Skorpiongift immun.

4. Igel rollen sich mit Muskelkraft zusammen. Es geht ähnlich, wie eine Faust ballen. Durch Muskelkraft können sie auch ihre Stacheln aufstellen oder anlegen.

5. Marder, Füchse, Wildschweine, Dachse, U-hus, Krähen und Elstern können Igeln gefährlich werden. Doch die schlimmsten Feinde der Igel sind der Mensch mit seinen Autos und der Klimawandel.

6. Man darf im Garten keine Laubhaufen anzünden, es könnte ein Igelnest darin sein.

7. Igel können zwar beißen, aber sie fallen keine Menschen an.

8. Die Igelweibchen bekommen erst Junge, wenn es genügend Futter gibt. Darum kommen manchmal die kleinen Igel so spät zur Welt,

dass sie für den Winterschlaf nicht dick genug werden können.

9. Igel haben eine Riechzelle am Gaumen. Man nennt sie 'Jacobsonsches Organ'. Sie spucken nur, um herauszufinden, ob etwas als Futter taugt.

Igel 323 wird ausgewildert

In den Herbstferien hatten Emily und Jonathan
ihren Igel Nr. 323 noch einmal besucht. Da war
er schon viel größer und hatte ordentlich zugenommen. Weihnachten hatten die Kinder mit
Frau Falter telefoniert und erfahren, dass Nr.
323 tief und fest schlief. „Vor Mai wird er sicher
nicht aufwachen", hatte sie gesagt. „Wenn ihr
wollt, könnt ihr mich dann wieder anrufen."
Jetzt war es Mai, und die Kinder wählten Frau
Falters Nummer. Sie freute sich, dass die beiden
noch immer an den Igel dachten und sich um

ihn kümmern wollten. Ein langes Gespräch mit Oma Martha folgte. Schließlich erschien Frau Falter in der ehemaligen Gärtnerei zu einer Gartenbesichtigung.

Der Garten gefiel ihr als Revier für einen Igel gut. Die Hauptstraße war weit genug weg, und gleich neben der Gärtnerei lagen noch andere Gärten. Bei den Obstbäumen lag genug Laub herum. Opa Franz hatte es zu einem großen Haufen zusammengeschoben, und es durfte dort auch liegen bleiben. Es gab Holzstöße und Reisighaufen, auch einen kleinen Gartenteich mit einer flachen Uferzone. Das mit der flachen Uferzone war wichtig, denn falls der Igel hineinfallen würde, musste er wieder rausklettern können. Sonst würde er ertrinken.

„Wenn es keine flache Uferzone gibt", erklärte Frau Falter, „muss man ein breites Brett in den Teich legen. Das eine Ende soll im Wasser sein, das andere wird fest am Ufer verankert."

„Warum muss man das machen?", wollte Jonathan wissen.

„Dann kann der Igel auf diesem Brett wieder an Land klettern", erriet Emily.

„Euer Garten ist ein wahres Igelparadies!", befand Frau Falter. Deshalb erlaubte sie, dass der Igel 323 wieder in seinen Garten zurückkehren durfte. „Aber man muss ihm jeden Tag etwas Katzen-Trockenfutter hinstellen. Wenn er nicht genug Käfer findet, kann er sich daran bedienen. So unterstützt man ihn und stellt sicher, dass er bis zum Winter genug zugenommen hat.

Bevor er in den Winterschlaf geht, sollte er mindestens 800 Gramm wiegen, besser mehr."

Das mit dem Füttern versprachen die Kinder.

Dazu brauchten sie ein Futterhäuschen, damit die Katzen das Futter nicht stibitzen konnten.

So ein Futterhäuschen für Igel kann man kaufen, aber Opa Franz baute es nach einer Anleitung aus dem Internet selbst.

Als alles vorbereitet war brachte Frau Falter den Igel. Die Kinder hatten sich inzwischen einen Namen für ihn ausgedacht. Stupsi sollte er heißen. Aber eigentlich musste man 'sie' sagen, denn es war ein Igelweibchen.

Frau Falter hatte Stupsi in einer Schachtel transportiert, die voller Heu war. Darin hatte sich die Igelin eingerollt. Man konnte sie kaum finden. Jetzt verstanden die Kinder auch, warum man 'einigeln' sagte, wenn jemand allein sein und niemanden an sich rankommen lassen wollte.

Sie setzten Stupsi vor einen dicken Reisighaufen. Die Igelin überlegte nicht lang. Schwups verschwand sie darunter. Bestimmt war sie froh, dass sie sich gleich wieder verstecken konnte. Das Heu legte Frau Falter daneben, damit Stupsi sich später, wenn sie sich sicher und unbeobachtet fühlte, ihr neues Heim damit auspolstern konnte. Auch einen Wassernapf und das Futterhäuschen platzierten sie neben dem Reisighaufen. Ins Häuschen stellten sie einen Blumenuntersetzer aus Ton hinein. „Den füllt ihr mit Katzen-Trockenfutter", sagte Frau Falter. „Und schaut jeden Tag einmal nach, ob noch genug Futter drin ist." Nachschauen

konnte man, indem man den Deckel des Häuschens anhob. „Doch kauft nicht das Igelfutter aus dem Tierhandel", warnte Frau Falter noch. „Es ist nicht wirklich gut für Igel. Sie bekommen oft Blähungen davon, weil zu viel Getreide beigemischt wird. Auch beim Kauf von Katzenfutter muss man darauf achten, dass es möglichst wenig Getreide beinhaltet."
All das notierte Emily wieder in ihrem Igeltagebuch, denn sie wolle auf keinen Fall etwas vergessen.

Notizen in Emilys Igeltagebuch

1. In einem geeigneten Garten für Igel muss ein Reisig- oder großer Laubhaufen liegen. Oder es

muss ein Holzstoß dort stehen, unter dem sie sich verstecken können.

2. Wenn es einen Gartenteich gibt, muss er eine flache Uferzone haben. Das ist wichtig, damit der Igel wieder rausklettern kann und nicht ertrinkt.

3. Gibt es keine flache Uferzone, muss man ein breites Brett in den Teich legen.

4. Wegen der Autos muss der Garten weit genug von der Hauptstraße entfernt sein.

5. Man braucht ein Igel-Futterhäuschen. Das kann man kaufen oder selbst bauen. Dahinein muss man jeden Tag ein bisschen Katzen-Trockenfutter stellen. So ist sicher, dass der Igel für den Winterschlaf dick genug werden kann.

6. Das Igelfutter aus dem Tierhandel ist nicht wirklich geeignet für Igel. Sie bekommen oft Blähungen davon, weil zu viel Getreide beigemischt ist. Auch wenn man Katzenfutter kauft, muss man darauf achten, dass möglichst wenig Getreide beigemischt ist.

7. Auch für frisches Wasser muss man sorgen. Der Napf kommt neben das Futterhäuschen.

Eine Nacht im Garten

Emily war mächtig stolz auf ihr Igel-Notizbuch.
Es standen nicht nur viele Informationen drin,
sie hatte es auch mit bunten Zeichnungen ver-
sehen. Als sie es ihren Eltern und Großeltern,
Onkel Johannes, Frau Tanner und den anderen
Kindern zeigte, bekam sie von allen großes Lob.
Jeden Tag ging sie mit ihrem kleinen Bruder in
den Garten. Sie kontrollierten, ob genug Futter
im Häuschen war und gossen frisches Wasser in

den Napf. Schade nur, dass sie Stupsi nicht sehen konnten, weil ein gesunder Igel eben nur nachts umherstreunte.

Doch am ersten Tag der großen Sommerferien erlaubten die Eltern den beiden, in der Nähe des Reisighaufens ihr kleines Zelt aufzustellen.

Sie nahmen Luftmatratzen, Schlafsack und Kissen mit, eine Tüte Chips und eine Taschenlampe. Ihre Mami lieh ihnen außerdem ihr Handy. So konnten sie ihren Papa anrufen, falls sie sich fürchten sollten. Außerdem sah Opa Franz öfter nach ihnen, und ihre Eltern kamen sie auch einmal besuchen.

Da war es bereits dunkel. Als sie das Gartentor öffneten, knarzte es leise. Das fanden die Kinder ein bisschen gruselig. Doch als sie sahen, dass es ihr Papa und ihre Mama waren, verga-

ßen sie den Schreck gleich wieder.

„Ihr müsst ganz leise sein", flüsterten die Kin-

der.

„Ja, klar." Die Eltern setzten sich neben das Zelt.

„Stellt euch nur vor, wir haben Stupsi vorhin

schon gesehen! Dort drüben, beim Holzstoß.

Und wisst ihr was – sie war nicht allein! Vier

Igelkinder tapsten hinter ihr her!"

„Tatsächlich?", staunte der Papa.

„Dann gibt es wohl auch noch ein Igelmännchen

im Garten", sagte die Mami.

Sie aßen Chips und tranken Tee. Als die Eltern

nach einer Stunde wieder gingen, fragten sie:

„Kommt ihr mit? In euren Betten schläft es sich

doch viel bequemer."

Aber das wollten die Kinder keinesfalls. Vielleicht würden sie Stupsi und die Kleinen ja noch einmal sehen. Und wenn nicht, war eine Nacht im Garten schlafen auf jeden Fall ein prima Abenteuer.

Danksagung und Verlagsprogramm

Ich danke den Kindern der Grundschulklasse 2c Jahrgang 2020 in Grassau am Chiemsee für ihre Mithilfe. Sie haben mir viele interessante Fragen über Igel gestellt, die u.a. als Grundlage für dieses Buch dienten.

Auch Frau Maie-Thérèse Schurer von der Wildtierstation Amerang danke ich für ihre Arbeit und alles, was ich von ihr lernen durfte.

by arp finden Sie außerdem

Ratgeber für Radreisende

Märchenratgeber für Jugendliche und Erwachsene zu Themen wie: Trennung, Tod und Trauer, Angst überwinden, sein Glück finden.

Reiseführer

Spannendes Lesefutter

Besuchen Sie uns unter www.by-arp.de